DES ÉLECTIONS.

AUX ÉLECTEURS ROYALISTES.

Le premier devoir d'un électeur est d'assister aux opérations de son collége électoral ; par conséquent, tout électeur royaliste doit s'y rendre et y voter selon sa conscience : aucune considération particulière ne peut l'en détourner. Son absence le rendroit responsable des mauvais choix qu'on y pourroit faire, et du mal qui en résulteroit.

Avant l'ouverture du collége, l'électeur doit être bien fixé sur les qualités qui motiveront la nomination des députés.

Ces qualités sont d'être fidèles au Roi et à la Charte, fermes dans les momens de danger, invariables dans les principes, mais indulgens pour tous ceux dont l'erreur est effacée par le repentir.

Les candidats doivent honorer la religion, professer un attachement non équivoque à la légitimité, être animés du désir de faire le bien de leur département, et de soutenir le plus possible les intérêts publics et privés de leurs commettans. A ces qualités, s'ils joignent des talens administratifs, judiciaires ou militaires et une fortune indépendante, ce sera une recommandation de plus aux yeux de l'électeur royaliste.

Mais, pour réprimer l'audace révolutionnaire, pour déjouer l'intrigue ministérielle, il faut des hommes forts et énergiques ; c'est donc parmi ces hommes forts et énergiques que l'électeur royaliste doit choisir ses députés.

Toute inclination particulière, tout calcul individuel doit s'évanouir devant l'intérêt de la religion et de la monarchie. Ainsi la satisfaction que pourroit éprouver l'électeur royaliste de nommer l'homme de son arrondissement ou même de son département, cédera, dans de certains cas, à ce grand intérêt général. Il est des Français illustrés par leurs talens, par leur dévouement à la légitimité, par la persécution et l'ingratitude dont le ministère a payé leurs services : ces Français sont les candidats de la France entière ; ils porteront à la Chambre leur inébranlable fermeté, et n'en soigneront pas avec moins de zèle les intérêts publics et privés du département qu'ils représenteront.

Que l'électeur royaliste, avant de se rendre au collége électoral, communique avec d'autres électeurs pensant comme lui ; qu'ils s'éclairent mutuellement ; que leurs votes se préparent avec ensemble et uniformité, et d'après les conseils des personnes recommandables qui méritent leur confiance ; qu'ils craignent avant tout de diviser leurs voix ; cette division tourneroit immanquablement au profit des libéraux et des ministériels.

L'électeur royaliste s'efforcera de réunir au parti de l'honneur et de la fidélité ces hommes, bons mais foibles, qui ne suivent que trop facilement l'impulsion de l'autorité : ces derniers voteront avec les hommes loyaux et fermes, si on leur présente dans toute sa force et sa vérité le tableau des maux qu'a produits et que produira le système ministériel actuel.

Toute insinuation perfide, toute transaction qui seroit proposée par les agens du ministère, doit être repoussée; autrement, ce seroit s'exposer à prolonger un système qui ne peut manquer de détruire la religion, la monarchie légitime et la Charte.

Si les électeurs royalistes se persuadent bien que le parti de la légitimité est le plus fort en France, malgré les persécutions constantes dont il a été, dont il ne cesse d'être l'objet, ils n'ont qu'à vouloir et qu'à marcher unis. Qu'ils se mettent en garde contre l'apathie et l'indolence, qu'ils surmontent le dégoût qu'ils pourroient avoir d'aller aux élections, dégoût fondé sur le vice radical de la loi; car l'apathie, l'indolence et ce dégoût auroient les mêmes résultats que la trahison.

Arrivé avant l'ouverture des élections au chef-lieu, l'électeur royaliste, bien qu'il soit déjà à peu près fixé sur les choix qu'il doit faire, aura soin de s'informer auprès des personnes influentes dans son opinion, vers quel candidat royaliste penche la majorité des électeurs. Il faut surtout écarter tout intérêt particulier, tout esprit de coterie, toute susceptibilité d'amour-propre, toute prétention, soit de personne, soit de localité, qui ne pourroit pas avoir de résultat, et qui ne serviroit qu'à diviser les voix.

A l'ouverture des séances, l'électeur royaliste ne doit pas en général confirmer la nomination des secrétaires et scrutateurs provisoires, faite par le président; ce seront évidemment des hommes à lui, et le président sera à coup sûr l'agent actif du ministère. La nomination du bureau doit donc être préparée d'avance par les royalistes. Si les candidats portés comme députés par les royalistes sont présens, les royalistes doivent les porter d'abord pour secrétaires ou scrutateurs, afin de les mieux désigner encore à l'opinion royaliste du collége, et de bien fixer cette opinion sur le choix définitif. Dans le cas où ces mêmes candidats seroient absens, les électeurs doivent porter au bureau des royalistes éprouvés.

Si, par malheur, les voix des royalistes se divisoient entre deux candidats royalistes au premier tour de scrutin, il faudroit qu'elles se réunissent au second sur celui des deux candidats dont la nomination auroit plus d'éclat, et seroit plus utile, dans l'opinion générale, aux royalistes.

Dans le cas où la nomination de l'un des deux candidats royalistes ne présenteroit ni plus d'éclat, ni plus d'utilité que la nomination de l'autre candidat, les voix des électeurs royalistes doivent se réunir, au second tour de scrutin, sur celui des deux candidats qui auroit obtenu le plus de suffrages au premier tour.

Les électeurs, pendant toute la durée des opérations électorales, ne doivent point quitter le lieu des élections. On a toujours vu que la négligence des électeurs pendant leur séjour, ou leur départ précipité, devenoit la cause de mauvais choix.

Il est du devoir comme de la prudence des

scrutateurs de faire la lecture des billets après
le président.

L'autorité locale, toute respectable qu'elle
est, parlant au nom du gouvernement, n'en
sera pas moins l'agent du ministère, et, dans
ce sens, emploiera toute son influence pour
renforcer le parti de ses *patrons*. Tous les
moyens seront mis par elle en usage, tantôt
en effrayant les électeurs du progrès des révolutionnaires, tantôt en se servant du langage
de ceux-ci pour calomnier les royalistes. Les
promesses ne seront pas épargnées ; mais que
tout électeur qui ne scroit pas déjà convaincu
par les raisons religieuses, morales et poli-
tiques, se persuade bien que l'autorité locale
est transitoire, que ses promesses le sont également, et que servir l'ambition individuelle
d'un chef passager est un rôle au moins inutile.

Au reste il est impossible de prévoir toutes
les circonstances particulières qui peuvent se
présenter, de même que les différentes com-
binaisons qui peuvent résulter du balance-
ment des partis; c'est aux électeurs royalistes
qui, dans des temps difficiles, ont déjà fait
preuve de tant de discernement et de patrio-
tisme, à prendre conseil de leurs propres
lumières, et à concilier les devoirs de leur
conscience avec les intérêts de la religion, de
la monarchie légitime et de la Charte.

———

L'amendement des deux degrés d'élection, qui auroit changé toute l'économie d'une loi déplorable,
ne fut rejeté à la Chambre des Députés que par
une majorité de douze voix, et à la Chambre des
Pairs que par une majorité de quatorze : on le sait.

La Chambre des Pairs, à une grande majorité, adopta, dans la session dernière, une proposition tendante à provoquer la modification de la loi des élections : cela est connu de tout le monde.

Donc il reste prouvé qu'une loi destructive de la monarchie n'a point été le produit d'un de ces mouvemens aveugles qui précipitent à leur perte d'immenses majorités, mais qu'elle est sortie avec effort, et comme à regret, d'un petit nombre de suffrages.

La loi des élections est funeste et sotte :

Funeste, parce que ses principes sont en opposition à ceux de la grande propriété et de la monarchie légitime;

Sotte, parce qu'elle va directement contre son but.

Elle prétend être faite au plus grand avantage du ministère, et chaque année elle laisse ce ministère incertain de la majorité.

Elle veut être populaire, et elle exclut le peuple.

Elle vise à l'égalité, et elle établit une violente distinction électorale : elle prive de leurs droits l'immense majorité des Français, et, par une bizarrerie sans exemple, elle enrôle la démocratie en un corps aristocratique de 80 mille privilégiés.

Nous disions dans la IIIᵉ Livraison du *Conservateur :* « Chaque année la loi des élections repro-
» duit une lutte dangereuse et pénible; chaque
» année cette loi met en question les principes
» de la monarchie. N'aura t-on jamais d'autres
» ressource contre le vice de cette loi que l'usage
» de l'arbitraire et de la corruption? Faudra-t-il
» toujours soumettre les électeurs à des cartes,
» multiplier les patentes, faire voyager des com-
» missaires, déplacer les administrateurs pour les
» envoyer aux colléges électoraux? Laissez aller
» la loi toute seule, elle vous mène à la démocra-
» tie; essayez de la retenir, vous ne pouvez l'ar-
» rêter que par des moyens illicites : un seul mo-

» ment de relâche, le mal est sans remède ; une
» majorité démocratique arrivée, il y a révolu-
» tion. Ainsi notre destinée tient à une distrac-
» tion des ministres ; et s'ils n'ont pas cette dis-
» traction, notre existence monarchique est fondée
» sur une corruption. Telle est cette loi, qu'elle
» vous place entre une révolution inévitable et
» une prévarication forcée : pour soutenir le
» trône, il faut violer la loi ; pour accomplir la
» loi, il faut exposer le trône. »

La destinée du ministère est singulière. Aux
élections de 1816, on avoit un autre principe
d'élection, d'autres colléges électoraux : on vou-
loit à tout prix écarter les royalistes. Que fit-on?
On leva les surveillances ; on envoya voter aux
colléges électoraux des hommes que l'on punissoit
dans ce moment même pour leurs excès pendant
les cent-jours : peu s'en fallut qu'on n'ouvrît les
bagnes ; et l'on vit paroître avec des espions et des
commissaires de police, jusqu'à un *électeur* accusé
d'avoir été juré dans le procès de la Reine.

Aujourd'hui c'est autre chose : le ministère,
obligé de se défendre contre sa propre loi, voudroit
bien écarter les hommes trop démocratiques ; mais
en même temps il ne veut pas prendre le droit che-
min, et marcher à la tête des royalistes. Son penchant
le porte vers les révolutionnaires ; il les recherche, il
les place, il s'appuie sur eux. Entre l'amour et la
crainte, s'il redoute des choix scandaleux, ce
n'est pas pour lui-même, mais pour la France
et pour l'Europe, sur lesquelles ces choix fe-
roient une impression trop vive. Il chantera
victoire s'il peut écarter deux ou trois *grands* candidats indépendans, entre autres un régicide (1),
dont il est menacé. Quant aux démocrates pro-
vinciaux, le ministère se flatte qu'en raison de

---

(1) On dit que les chefs révolutionnaires font eux-mêmes tout
ce qu'ils peuvent pour empêcher leurs soldats de nommer *cette
année* un régicide ; ils trouvent que c'est trop tôt.

leur obscurité, il pourra les faire passer pour ministériels. Mais il calcule mal, comme de coutume;
il oublie cette fatale liberté de la presse, qui,
découvrant les faits et gestes des candidats, aura
bientôt appris à l'Europe l'opinion des nouveaux
députés. De plus, ces députés libéraux des départemens ne tarderont pas à se faire connoître par
leurs votes, lorsqu'ils seront arrivés à la Chambre.
Nourris loin des intrigues, ce sont les véritables
républicains du parti; ils conservent soigneuse-
ment leur bonnet rouge, qu'ils n'ont point découpé
en ordres et en cordons : il sera moins facile d'agir
sur eux que sur les indépendans de Paris, dont la
vertu s'endort quelquefois.

Au milieu de tous les soucis du ministère, que
feront les royalistes? Les journaux ministériels
déclarent que la loi des élections a mis les *royalistes en coupe réglée;* et la *Correspondance pri-
vée* nous apprend que les colléges électoraux ne
nommeront que *trois députés* royalistes. Voilà
une bien heureuse loi pour une monarchie, un
bien grand sujet de triomphe, au moment où l'on
semble craindre des élections démocratiques!
Tout cela est bien conséquent!

Quoi qu'il en soit, il s'agit de savoir si les royalistes veulent être mis en coupe réglée. S'ils y con-
sentent, ils ont un moyen très-simple d'épargner
à la loi des élections les frais de la *coupe* : c'est de
porter eux-mêmes la cognée dans leurs rangs,
de se retrancher de la famille politique, en res-
tant chez eux. Nous ne croyons pas qu'ils pren-
nent ce parti.

Admettons comme une chose certaine leur présence aux élections : cela posé, examinons les
principes d'après lesquels ils doivent agir.

D'abord, point de pacte avec les ministres et
leurs agens, c'est-à-dire avec les présidens, les
préfets, les procureurs-généraux et autres fonctionnaires publics. Aider le ministère dans l'élec-

tion de ses candidats, c'est le perpétuer au pouvoir, c'est faire conséquemment le plus grand mal que l'on puisse faire à la France. Qu'on se souvienne de l'axiome ministériel : « Alliance avec les jaco-
» bins le plus tard possible, avec les royalistes,
» jamais. » Laissons donc les ministériels s'allier aux jacobins, et ne disputons point à ceux-ci des cœurs qu'ils ont su toucher.

On vous dira que, pour éviter la nomination de tel révolutionnaire, il faut nommer tel minis-tériel.

Vous répondrez : « Pour éviter ce révolution-naire, nommez avec nous tel royaliste. » A l'instant vous verrez les ministériels reculer : donc ils pré-fèrent un révolutionnaire à un royaliste ; donc toute alliance avec de pareils hommes est impos-sible.

On vous promettra, pour vous séduire, un changement de système, la fin prochaine de la persécution contre les royalistes.

Ne croyez point des hommes qui n'ont pas une seule fois tenu leur parole. Ils nous crioient il y a deux ans ; « Royalistes, avant la Charte et après
», la Charte, réunissez-vous ! ».

Nous nous sommes réunis ; nous avons écarté les candidats que craignoient les ministres. Qu'est-il arrivé ? Le lendemain les royalistes ont été persécutés, chassés, calomniés avec un nouvel acharnement.

Tranquillisons-nous d'ailleurs ; quand l'élection de cette année seroit toute démocratique, cin-quante - deux députés anti - monarchiques ne formeroient pas de majorité absolue dans la Chambre ; ils ne seroient pas en force suffisante pour renverser l'ordre établi : leur présence ser-viroit seulement à éclairer ceux qui refusent en-core de voir la lumière, et cette combinaison politique, loin de produire un mal, renver-seroit le système ministériel.

C'est contre nature que les royalistes n'accordent pas leur confiance aux ministres du Roi. Mais que n'ont-ils point fait, ces ministres, pour repousser cette confiance? N'ont-ils pas rappelé, par une simple décision, des régicides bannis en vertu d'un acte législatif? N'ont-ils pas proscrit jusqu'au nom de la religion? Ne se sont-ils pas opposés aux pairs et aux députés qui vouloient au moins graver ce nom sacré dans une de nos lois? N'affectent-ils pas de récompenser la trahison et l'infidélité? Ne persécutent-ils pas les royalistes? L'ingratitude dont ils paient les plus éminens services, n'a-t-elle pas été cent et cent fois signalée?

Dans ce moment même, remarquez la conduite du ministère. Il avoit un moyen d'affoiblir le danger de la loi des élections. Le dernier budget ordonne un dégrèvement d'impôts : la conséquence nécessaire de cette mesure est la diminution du nombre des électeurs démocratiques. Qu'a fait le ministère? Au lieu de hâter le dégrèvement qui pouvoit être confectionné dans le mois d'octobre ; au lieu de ne convoquer les colléges électoraux qu'après l'opération de ce dégrèvement, il s'empresse de les réunir avant cette époque. N'est-ce pas avoir pris son parti?

Veut-on connoître encore mieux l'esprit qui anime ce ministère? qu'on parcoure la liste des présidens et des vice-présidens des colléges électoraux : on y remarquera plusieurs choses curieuses.

D'abord on y verra la déclaration des principes les plus démocratiques ou l'aveu de la plus insigne foiblesse. Le ministère fait nommer pour présidens des hommes qui l'ont combattu le plus fortement dans la Chambre des Députés, ou qu'il a poursuivis lui-même pour leurs principes anti-monarchiques. Il a senti que la nomination de ces hommes étoit inévitable, et il a voulu misérablement l'attribuer à sa puissance.

Le ministère croit-il persuader ainsi qu'il a

fait les élections? Ne sent-il pas que pour le salut de la monarchie, que pour la force des principes, il valoit mille fois mieux que les candidats démocratiques fussent élus contre la volonté du gouvernement, qu'avec l'assentiment du gouvernement? Car si le gouvernement présente ces candidats il adopte donc leurs principes, et si leurs principes sont anti-monarchiques, le gouvernement admet donc que la monarchie ne convient pas à la France? Les ministres donnent ici leur mesure; on ne peut voir en eux que des hommes vains et foibles qui, pour sauver leur amour-propre et pour conserver le pouvoir quelques heures de plus, se hâtent de couronner leurs ennemis : semblables à ces princes romains qui envoyoient la pourpre aux Barbares, lorsque ceux-ci s'apprêtoient à la leur ravir.

Dans la liste des présidens, on aperçoit encore des proconsuls et des hommes des cent-jours. La révolution a-t-elle broyé les choses de manière que le désordre entre comme partie constitutive dans l'Etat, et faut-il que les intérêts de la trahison aient aussi leurs représentans dans nos assemblées? Au reste, ces hommes des cent-jours peuvent avoir des vertus privées, nous aimons à le croire, mais n'y a-t-il pas en France des hommes qui ont aussi des vertus privées, et dont la conduite politique pourroit présenter plus de garanties aux ministres du Roi légitime?

Un comité dirigeant les *élections libérales* a publié la liste de ses candidats. Les journaux indépendans déclarent que ce comité a *fixé définitivement ses choix*. Plusieurs noms portés sur la liste du comité directeur, se trouvent aussi sur la liste ministérielle. Nous demandons si ce comité directeur est celui-là même que le *ministère a dénoncé* à la tribune?

L'extrême bigarrure qui se fait remarquer dans la liste des présidens et vice-présidens, s'ex-

plique. Tout l'artifice de la mesure consiste à avoir
nommé les divers présidens à peu près dans l'opinion dominante de chaque collége électoral; de
sorte que le ministère battu par les deux opinions
indépendante et *royaliste*, se donnera l'air de succès, et s'écriera : « Nos présidens ont été élus !
» voyez l'excellence de notre système, la force de
» *l'opinion ministérielle !* » Eh ! sans doute : si jamais *l'opinion ministérielle* veut nommer pour *présidens*, dans certains colléges, M. Dupont de
l'Eure et M. de Villèle, nous lui répondons que
ces deux *présidens* seront élus *députés :* grand sujet de triomphe pour *l'opinion ministérielle !*

Il est essentiel cependant de mettre en garde
les royalistes : si dans quelques départemens où le
ministère craint des élections du côté droit, il a
placé des présidens un peu rapprochés de l'opinion royaliste, ce n'est pas sans une arrière-pensée : le ministère a été informé que dans ces départemens on lui présenteroit des candidats redoutables ; alors il a vite désigné des présidens
réputés monarchiques, dans l'espoir de diviser les
voix, et de faire manquer les nominations projetées.

Il essaiera sans doute de rendre la *lettre* conforme à l'*esprit*. Des personnes officieuses et officielles diront aux royalistes : « Voilà un président
» dans votre opinion ; il a voté quelquefois avec
» la minorité de droite : qui vous empêche de le
» nommer? Si vous le rejetez uniquement parce
» qu'il est le candidat du ministère, ce n'est donc
» pas, comme vous le prétendez, les principes
» seuls qui vous font agir , c'est l'esprit de parti
» qui vous anime? Vous ne voulez pas le bien ;
» vous ne voulez que le triomphe de votre co
» terie. »

Quels grands mots et quelle candeur ! heureusement on ne trompe plus les royalistes : ils ne
donneront pas leurs voix au président, s'ils ont un

autre candidat plus fort à faire passer, parce que ce président n'a été précisément envoyé que pour diviser les suffrages, et troubler la nomination du candidat désigné. De plus, ce président, quelque royaliste qu'il puisse être, doit toujours laisser un peu d'inquiétude, par la seule raison que le ministère a jeté les yeux sur lui, et qu'il a accepté la commission du ministère (1).

C'est donc dans nos rangs, c'est parmi nous que nous devons chercher nos députés. Il ne suffit pas que nos choix soient bons, il faut encore, autant que possible, qu'ils soient éclatans, afin de montrer à l'opinion publique la force de nos principes, l'union de nos volontés. Sous ce rapport la position est sûre : si nous n'atteignons pas le but de nos efforts, la faute en sera toute entière à la loi, et l'on ne pourra l'imputer à la *foiblesse* du parti royaliste. Cette loi, selon l'expression des journaux ministériels, a mis les *royalistes en coupe réglée :* il n'y auroit donc rien de surprenant qu'il ne se présentât point d'hommes monarchiques à des colléges électoraux d'où la loi les a particulièrement exclus. Toutefois les royalistes sont si nombreux ; ils sont si forts quand ils s'entendent ; il est si difficile de faire disparoître partout ce qui est le fond de la nation, la majorité absolue, qu'il nous reste encore bien des chances : notre devoir est de les tenter. Enonçons quelques vérités claires et pratiques.

Partout où la députation sortante est de la minorité de droite, elle doit être nommée de préférence, si elle consent à sa réélection. Il est juste que des députés, qui ont loyalement combattu, reçoivent une nouvelle marque de confiance, et

---

(1) Ceci est un raisonnement général. Des cas particuliers peuvent se présenter : par exemple, M. Ribbard, nommé vice-président dans son département, ne doit point être repoussé par les royalistes, parce qu'il a eu le malheur de trouver grâce aux yeux du ministère.

soient récompensés de leurs travaux par les suffrages des royalistes.

De plus on peut espérer que les électeurs justes
et sans passions, auront reconnu la sagesse des principes émis par la minorité de droite, qu'ils auront
remarqué que cette minorité a toujours voté pour
les libertés publiques, que c'est à ses talens, à sa
persévérance, à son courage que l'on doit en partie
la refonte d'un budget surchargé, et le dégrèvement des impôts : alors ces électeurs modérés seront disposés à donner leurs voix aux députés sor-
tans de cette minorité, à se joindre à eux, ainsi
que l'ont fait plusieurs membres des plus distingués du centre de la Chambre. Jusqu'ici on a pu
être trompé, mais l'erreur enfin se dissipe. Qui-
conque ne veut pas la perte de la France, se réunit
aux royalistes: l'aigreur s'adoucit, les nuances d'opinion s'effacent, et les honnêtes gens courent ensemble au salut de leur pays.

Il faut encore espérer que les nominations seront moins traversées par les agens du pouvoir :
ces agens modéreront l'ardeur de leur zèle; on ne
verra recommencer ni les prévarications des élections de 1816, ni les influences scandaleuses des
élections de 1817 et 1818. Augmenter ou diminuer
les listes des électeurs, accorder ou refuser des patentes, donner ou retenir des cartes, multiplier les
petites tyrannies; tout cela est fort bien : mais le
système ministériel et même le ministère peuvent
passer; un 24 décembre peut revenir; on peut en
profiter mieux. Alors il sera juste de se souvenir
de ces fonctionnaires publics qui font céder leur
conscience à leur ambition. Les royalistes sont
bien loin de croire leur cause perdue; et les
administrateurs prudens, avant d'essayer de les
écraser, feront bien d'y regarder à deux fois.

Enfin ce qui doit surtout rendre une réélection
préférable à une élection nouvelle, c'est qu'il est

toujours plus facile de s'entendre sur la première que sur la seconde.

Les départemens d'Eure -et Loir, du Tarn, de l'Allier, de la Vienne, sont dans le cas ci-dessus énoncé : leurs députations sortantes sont toutes royalistes. MM. de Courtavel, Caquet, Cardonnel, de Lastour, Prévéraud de la Bouteresse, Aupetit-Durand, de Luzine, de la Roche-Tullon, offrent pour ces départemens les premiers candidats royalistes.

Il y a des départemens où dans chaque députation sortante on ne compte qu'un ou deux députés de la minorité de droite : tels sont les départemens de Vaucluse, de l'Aisne, de l'Ariége, de la Charente-Inférieure, de l'Isère, des Basses-Pyrénées, de la Seine-Inférieure. MM. de Causans, de Sainte-Aldegonde, Fornier de Clauzelles, de Mac-Carthy, Planelli de la Valette, Bellecize, Lormond fils, de Gestas, Ribbard, le prince de Montmorency, sont en tout dignes de nouveaux suffrages qu'ils doivent demander, et qu'ils méritent d'obtenir.

Dans les départemens dont la majorité des députés étoit ministérielle ou indépendante, les royalistes pourroient honorer au moins de leurs suffrages leurs anciens représentans à la Chambre de 1815. Pour ne rappeler que quatre ou cinq noms, M. Chiflet et M. de Grobois, dans le Doubs, MM. Delamarre et de Bouville, dans la Seine-Inférieure, M. de Margadel, dans le Morbihan, nous paroissent des candidats en première ligne.

Maintenant, examinons une question importante.

Il est certain, ou à peu près certain, que des députés royalistes, sortant cette année, refusent une nouvelle élection.

Ce cas échéant, les royalistes doivent-ils choisir un candidat royaliste du département auquel ils

appartiennent, ou leurs votes doivent-ils se porter sur un candidat royaliste, étranger à ce département?

S'il n'y a aucune chance probable de faire passer
un candidat étranger, il seroit sans doute inutile
et dangereux de diviser les voix, et dans ce cas,
il faut les porter toutes sur le candidat royaliste
du département; mais si le candidat étranger à
une élection probable, les suffrages nous paroissent devoir se concentrer en lui dans l'intérêt général de la cause royaliste: expliquons-nous.

Quand nous parlons de candidats étrangers, il
n'est pas question de candidats, lesquels n'auroient
pour eux que la pureté de leur opinion : nous
voulons désigner ces hommes qui ont rendu d'é-
minens services à la légitimité, qui sont connus
par des talens, et qui, victimes de leur zèle,
sont à la fois les représentans des intérêts monarchiques, et les témoins vivans des injustices ministérielles.

Sur ce point les libéraux nous serviront
d'exemple. Ils ont porté à notre Chambre des
Communes tous ceux qu'ils regardoient comme
leurs chefs; certains de donner ainsi une haute
idée de leur habileté et de leur pouvoir : les
partis sont moins forts par leur puissance réelle,
que par l'opinion qu'on a de cette puissance.

Les royalistes ne manquent point de candidats
éclatans, propres à réunir les suffrages ; et surtout
les victimes ne sont pas rares parmi eux. Il faut
placer en première ligne les généraux Canuel et
Donnadieu. Tous deux ont été fidèles au Roi dans
les cent-jours; l'un a combattu auprès de Laroche-
jaquelein, dans la Vendée; l'autre a défendu à
Bordeaux l'auguste prisonnière du Temple, et l'a
suivie dans son second exil. Tous deux ont sauvé
la France, l'un à Grenoble, l'autre à Lyon ; tous
deux ont été l'objet des persécutions ministérielles.

Le général Donnadieu a été destitué; il a été
de plus calomnié, insulté dans les journaux,
dans les correspondances privées; le tout pour
avoir été fidèle à ses sermens, pour avoir déjoué
une conspiration, pour avoir, quoique protestant,
respecté le culte catholique, et protégé à Grenoble
les missionnaires.

Le général Canuel a pareillement perdu sa
place. Il a été jeté dans les cachots : victime d'une
accusation odieuse, celui qui venoit d'étouffer une
conspiration, a été traité comme un conspirateur.
Non-seulement on a essayé de le présenter, à Paris,
comme le chef d'une prétendue machination aussi
stupide que coupable, mais on a voulu qu'il fût, à
Lyon, l'auteur même du complot qu'il avoit décou-
vert et puni. Les lois ont deux fois vengé le général
Canuel : certes, il faut que les révolutionnaires
regardent ses services comme bien importans à la
cause royale, pour que leur haine l'ait poursuivi
avec tant de persévérance et de vivacité!

Les généraux Canuel et Donnadieu méritent
d'autant plus l'honneur de nos suffrages, qu'ils
n'ont pas toujours servi dans nos rangs. La révolution les persécute comme des transfuges : aujourd'hui on est déserteur, on manque à sa
foi, quand on est fidèle au Roi légitime.

Deux militaires dans la minorité de droite,
seroient extrêmement utiles pour toutes les ques-
tions relatives au ministère de la guerre, et pour
répondre aux généraux qui se trouvent placés
dans le centre et dans l'opposition de gauche.

Le département où le général Donnadieu a fixé
son domicile n'a point d'élections cette année :
ce brave militaire peut donc être choisi partout
où les royalistes auront besoin d'un candidat.

Quant au général Canuel, né dans le département de la Vienne, il se présente au collége de ce
département émule et voisin de la fidèle Vendée.

2

Une foule d'électeurs qui se rendront à Poitiers seront donc de vieux soldats des armées vendéennes. La Vendée qui dans ce moment, avec une modestie digne de ses vertus, semble croire que nous avons fait quelque chose pour sa gloire, tandis que c'est sa gloire même qui a réfléchi son éclat sur un foible ouvrage ; la Vendée dont les principaux chefs ont bien voulu nous adresser des remercîmens que nous ne méritons d'aucune sorte ; la Vendée voudroit-elle écouter notre voix ? Qu'elle ne divise point ses suffrages ; que sa politique soit une et entière : qu'elle songe que des dissidences malheureuses ont favorisé en tout temps le succès de ses ennemis. Si elle étoit restée unie, elle n'auroit pas plus fait sans doute pour son immortalité, mais elle auroit fait davantage pour son bonheur et pour celui de la France. Puissent toutes ces rivalités vertueuses, qui ont animé d'illustres chefs, se perdre dans un commun amour pour le Roi ! Nos ennemis sont nombreux, nos périls divers : notre union peut tout rétablir ; notre désunion peut tout détruire. Le général Canuel a déjà été nommé une fois à Poitiers, et alors il n'avoit pas tous les titres qui le recommandent aujourd'hui à la faveur des royalistes : il n'étoit pas frappé de cette proscription ministérielle qui achève de le rendre Vendéen.

Ce que nous disons ici au sujet du département de la Vienne, nous le disons également par rapport à tous les colléges électoraux. Prenons garde de nous diviser sur les individus, quand nous sommes si bien d'accord sur les principes. Quelle honte et quels remords pour les royalistes, si, se trouvant en majorité dans un collége électoral, ils laissoient échapper une nomination par des affections ou des répugnances particulières ! Il ne s'agit pas ici de goûts et de dégoûts, de l'intérêt d'une ville ou d'un département ; il s'agit de la cause royale tout

entière. C'est dans cet esprit qu'il faut voir et
diriger les élections, si l'on n'est pas aveugle, et
si l'on sent bien la position où l'on se trouve.

Après les deux généraux que nous venons de
nommer, nous trouvons des hommes qui, avec
d'autres armes et sur un champ de bataille diffé-
rent, ont combattu dans les momens les plus difficiles. Il paroît que M. de Castelbajac sera porté
pour candidat à Toulouse. Sa belle conduite dans
la Chambre de 1815 est assez connue : *le Conser-*
vateur atteste qu'il a su, à une autre tribune,
continuer à défendre le trône et l'autel avec autant de courage que de succès et de talent.

Les royalistes du département de Vaucluse ont
fixé leur choix sur le vénérable marquis de Causans.
On dit qu'ils présentent M. Fiévée en remplace-
ment de M. Soullié, connu par son dévouement
au ministère. M. Fiévée est encore une victime
des opinions monarchiques. Les places qu'il a occu-
pées lui ont donné l'expérience des affaires. Personne n'a des idées plus saines que lui sur la nature
de notre gouvernement : comme écrivain politique, c'est un des hommes les plus distingués du
siècle.

Enfin viennent les ministres, les magistrats,
les préfets, destitués pour crime de royalisme.

MM. de Vitrolles et de Vaublanc figurent parmi
les premiers. Il n'y a personne qui ne sache ce
que M. de Vitrolles a fait et souffert pour la cause
royale, sa dangereuse mission au congrès de Châ-
tillon, lorsque nous n'avions pas encore le bonheur de posséder notre Roi, ses périls et sa prison
pendant les cent-jours, sa radiation du tableau
des ministres d'Etat. Quand la capacité se joint
aux services et aux souffrances, que manque-t-il
aux qualités d'un bon député ?

Cinq fois proscrit, condamné à mort au 13 ven-
démiaire, pour avoir présidé une section de Paris

contre la Convention, condamné à la déportation
au 18 fructidor, M. de Vaublanc est un candidat pour toute la France. C'est le premier
ministre royaliste sacrifié au système ministériel.
Il avoit réglé l'intérieur avec tant de force
et de propriété, que si quelque chose marche
encore dans les préfectures, c'est un reste de l'or-
ganisation par lui établie. On présume qu'il pourroit être présenté avec succès dans le département
d'Eure et Loir.

Parmi les magistrats sacrifiés aux haines ministérielles, il faut nommer M. d'Urbain-Gautier, à
Pau, M. Riambourg à Dijon, et M. Delhorme,
destitué à Lyon en même temps que le général
Canuel. Et puisque nous parlons encore de ce
général, n'oublions pas ses courageux défenseurs,
MM. Couture et Berryer fils. Ce dernier n'a pas
l'âge légal; mais, en attendant qu'il l'atteigne, le
premier peut du moins plaider la cause royale à la
tribune des Députés, aussi efficacement qu'il a
défendu les royalistes devant leurs juges (1).

Quand les anciens faisoient le procès à un
ennemi public, ils le confrontoient à ses victimes : mettons nos ministres en face des hommes
qu'ils ont immolés à leurs passions. Nous en trou-
verons un grand nombre parmi les administrateurs les plus habiles de la France. On pourroit
citer entre autres MM. Du Hamel, Dumesnil,
Villeneuve, Cursay, Vaulchier, Talleyrand, Car-
rère, Trouvé, Dalmas, d'Arbelles, Roussy, de la
Vieuville, Arbaud de Jouques, Montureux,

_____

(1) Nous ne citons ici comme magistrats déplacés que quelques
procureurs-généraux, parce que les magistrats chargés du ministère public sont les seuls révocables. Heureusement la sagesse
de nos pères nous a transmis le principe de l'*inamovibilité*. Sans
cette garantie, toutes les fois que les ministres auroient eu
besoin de nouveaux auxiliaires, ils leur auroient distribué les
nombreuses places de juges : l'iniquité auroit rendu la justice,
et l'honneur auroit eu pour arbitres ceux qui auroient trafiqué
de leur honneur.

Fressac, Floirac, Berthier, la Salle, de Guer,
Bouthilier, Choiseul, Terray, Maussion, Milon
de Marne, Chassepot de Chaplaine, de Breteuil,
Kerespert, d'Indy, Bacot, Kergarion, Cromot
de Fougy, Saint - Luc, Sartiges, tous préfets destitués en vertu du système, tous remar-
quables par leur noble conduite pendant les cent-
jours, et recommandables par leurs lumières.
Dans la liste bien plus longue encore des sous-
préfets et des administrateurs secondaires, arra-
chés de leurs places, combien la France ne trou-
veroit-elle pas aussi d'honorables députés! Ils pa-
roîtroient à la tribune armés de leurs correspondances; et quand le ministère viendroit à rappeler
les régicides, à parler des prétendues réactions
de 1815, ils lui diroient : « Vous vous plaignez
» des mesures de rigueur, vous les rejetez sur
» les royalistes ; et c'est vous-mêmes qui les
» avez ordonnées, vous qui trouviez qu'on fai-
» soit trop d'exceptions, qui demandiez que le
» sang coulât plus vite, témoin votre lettre de tel
» jour, votre circulaire de tel mois, votre ins-
» truction de telle époque : méconnoissez-vous
» votre signature? » Alors on verroit le fond des
choses; et les libéraux eux-mêmes sauroient enfin,
s'ils l'ignorent, que tel ministre qui les comble
aujourd'hui, parce qu'il les suppose puissans,
les persécutoit, alors qu'il les croyoit foibles et
sans ressources.

Quel que soit le résultat des nouvelles élections,
il aura une influence marquée sur le sort de la
France. Si, par le plus grand des malheurs et la
plus improbable fatalité, les élections étoient
ministérielles, nous serions perdus. Le système qui
nous ronge s'étendroit; notre décomposition s'o-
péreroit plus lentement, mais plus sûrement : d'injustices en injustices, de fausses mesures en fausses
mesures, de mauvaises lois en mauvaises lois, de

destitutions en destitutions, nous arriverions *pai-siblement* à une révolution inévitable.

Si les élections sont démocratiques, comme les liaisons ministérielles et la nature de la loi doivent le faire présumer, nous sommes encore menacés de périr, mais avec violence; et, dans ce cas, cette violence même pourroit devenir une ressource, un moyen d'éclairer l'opinion publique, et de se sauver.

Si les royalistes obtiennent quelques succès, et qu'ils balancent, soit par le nombre, soit par le mérite des députés, les élections démocratiques, c'est la meilleure chance de toutes. Entre deux oppositions puissantes, il faudra que le ministère tombe ou qu'il ait recours à des mesures désespérées qui le perdront également. Alors la lutte deviendra ce qu'elle doit être, ce qu'elle a toujours été dans le cours de la révolution, une lutte franche entre la monarchie et la démocratie, ou le despotisme militaire. Les deux partis qui se connoissent, qui depuis si long temps se sont mesurés, qui sans doute ne s'aiment pas, mais qui n'ont point l'un pour l'autre cette espèce de mépris qu'inspirent la duplicité, la médiocrité et la foiblesse, se retrouveront sur le champ de bataille. Dieu aidant, nous triompherons, et nous n'abuserons pas de la victoire.

Que les royalistes sentent donc bien leur position; qu'ils sachent que la France les regarde, que l'Europe est attentive. Rien ne peut les dispenser de se rendre à leurs colléges électoraux. Les plus riches doivent secourir ceux qui le sont le moins. Il ne faut craindre ni quelques jours de dérangement, ni quelques instans de malaise et de fatigue. Il faut plutôt venir à pied, coucher dans la rue, que de manquer aux élections. Les intérêts particuliers sont chers et respectables sans doute; mais pour qu'il y ait des intérêts particuliers, il faut qu'il y ait des intérêts généraux. Si vous tombez dans une nouvelle révolution par votre négligence ; si l'on vous tue ; si l'on vous déporte comme royalistes ; si l'on confisque vos biens, que vous servira d'avoir coupé vos blés et vendangé vos vignes en 1819 ?

La position des royalistes est cruelle, nous en convenons. Objet de toutes les calomnies, de toutes les injustices, de toutes les ingratitudes, nous sommes offerts en sacrifice à la révolution, en dérision à la terre. Dans un mouvement de dépit, trop justifié par nos souffrances, nous pourrions être tentés de dire : « Eh bien ! notre rôle est
» fini ; nous ne nous ferons plus *mettre en coupe*
» *réglée :* que la monarchie se tire de ses lois mi-
» nistérielles, de ses systèmes ministériels, de ses
» hommes ministériels, de ses amis de 93 et des
» cent-jours comme elle pourra : cela ne nous re-
» garde plus. Contens de cultiver notre champ à
» l'écart, nous échapperons individuellement à
» la catastrophe. Nous avons déjà vécu sous Buo-
» naparte ; un autre usurpateur ne nous traitera
» pas plus mal. On nous renie ? Nous nous éloi-
» gnons en pleurant, mais nous nous éloignons.
» Nous n'admettrons jamais en principe le gou-
» vernement de fait, mais nous nous y soumet-
» trons. Nous cesserons d'immoler nos familles,
» nos biens et notre repos à une fidélité qui im-
» portune. »

Un mouvement de dépit peut faire tenir ce langage ; mais, après tout, ce ne peut être qu'un mouvement bientôt réprimé. Quoi ! vous seriez découragés parce que vos sacrifices sont méconnus ? Mais s'ils étoient payés ces sacrifices, que seriez-vous ? Occuperiez-vous ce haut rang que la vertu vous donne, que la postérité vous conservera ? Lorsque dans les champs de la Vendée et de la Bretagne vos pères, vos frères, vos fils tomboient en criant *vive le Roi ;* quand ils mouroient dans les

prisons; quand ils versoient leur sang sur l'écha-
faud, songeoient-ils à la récompense que méritoit
leur fidélité? Qui de vous n'aime encore mieux
être un royaliste pauvre, dépouillé, insulté, oublié,
que tel homme dont la fortune est aujourd'hui le
mépris et le scandale du monde? S'il en est ainsi,
de quoi vous plaignez-vous? Vous avez donc en
vous-mêmes une récompense supérieure à tous les
biens que l'on pourroit vous offrir; vous occupez
donc la meilleure de toutes les places, puisque
vous ne la voudriez pas changer contre celle qui
vous procureroit richesses et honneurs? Royalistes,
vous avez pour vous la force de la justice éternelle,
et la paix de la bonne conscience : vous êtes donc
puissans et heureux.

Mais souvenez-vous de la maxime : *aide-toi, le
ciel t'aidera.* Les royalistes peuvent s'apercevoir que
nous nous appliquons cette maxime nous-mêmes,
que nous donnons à leur service (en accumulant sur
notre tête une foule de haines et de vengeances) des
momens qu'il nous seroit plus doux de consacrer
au repos. Mais quand il s'agit du salut de la monarchie, est-il permis de rester tranquille specta-
teur d'un combat où le plus petit secours peut
décider la plus grande victoire? Que les royalistes
aillent donc voter à leurs collèges électoraux;
qu'ils ne se laissent diviser par aucun intérêt de
localités, de liaisons ou de famille, c'est là le point
capital; qu'ils se fassent entre eux tous les sacrifices
d'amour-propre; qu'ils fixent leur choix sur des candidats capables de soutenir la cause royale; et qu'ils
ne composent jamais avec cette espèce d'hommes
qui, par une double lâcheté, se prosternent devant le crime, et reculent devant la vertu.

Le Vicomte DE CHATEAUBRIAND.

IMPRIMERIE DE LE NORMANT, RUE DE SEINE.